Wenn einem das Leben begegnet.

AF145965

Eine Sammlung von Gedichten die sich quer durch das ganze Leben ziehen.

Mal traurig, lustig, nachdenklich, liebevoll oder um sich einfach mal berieseln zu lassen.

Die Gedichte sind wild durcheinander gewürfelt, und zwar mit Absicht. So entsteht beim Lesen hoffentlich beim Leser ein Auf und Ab der Gefühle, genau so habe ich mich auch oft beim Schreiben der Gedichte gefühlt.

Einige Gedichte sind mit Widmungen versehen, für ganz besondere Menschen die mir sehr wichtig sind und sehr nahe stehen.

Heiko Sanders

Heiko Sanders

Wenn einem das Leben begegnet…

Bibliografische Information der Deutschen
Nationalbibliothek: Die Deutsche Nationalbibliothek
verzeichnet diese Publikation in der Deutschen
Nationalbibliografie; detaillierte bibliografische Daten
sind im Internet über dnb.dnb.de abrufbar.

© 2023 Heiko Sanders
Herstellung und Verlag: BoD – Books on Demand,
Norderstedt
ISBN: 978-3-7386-2178-5

Seelenschrei

Im Kopf ein Geräusch der Leere,
im Innern eine bleierne Schwere.
In vielen dunklen Tagen,
wurden viele Wunden in das Herz geschlagen.

Ein unendlicher Schmerz,
tief begraben im vernarbten Herz.
Langsam die Tränen über die Wangen rinnen,
diese sind der Seele leise Stimmen.

Der tiefe Seelenschmerz geht nicht vorbei,
und einsam erklingt der Seele schrei.

Seelen-Tod

Ein innerer Eissturm starr und kalt,
wie eine rohe Naturgewalt,
ist oft unser Verderben,
ein Gefühl fast wie das Sterben.

Eiskalte Seele, kaltes Herz,
riesengroß der zitternde Schmerz.
Auch Körper und Geist schon gefroren,
tausend Nadelstiche in sich bohren.

Aus blutenden Augen, schneiden heiß
Tränen die wurden zu reinstem Eis.
Sie kullern wie Hagel kalt und rot,
so fühlt sich wohl an der Seelen-Tod!

Herz

Beim Menschen sitzen oft die größten Schmerzen,
tief verborgen in Ihren Herzen.
In vielen Jahren wurden dort geschlagen,
furchtbar viele tiefe Narben.

Doch im Herzen sitzt auch die Liebe,
und es ist auch der Gefühle Wiege.
In vielen Herzen ist sehr viel Platz,
manche Hart oder aber weich wie Wachs.

Manche Herzen im Gleichklang schlagen,
viele Gefühle durch die Herzen jagen.
Manche Herzen sind sehr reich,
sind aus Gold, und nicht „nur" aus Fleisch.

Es gibt auch Herzen die sind sehr arm,
sind sehr kalt und gar nicht warm.
Herzen rasen, schlagen oder pochen,
jagen Gefühle durch Körper und Knochen.

Die größte Angst, man glaubt es kaum,
wird das Herz in tausend Teile gehauen.
Und ist es dann erst mal zerschlagen,
wird vieles tief im Herzen begraben.

Abendstille am Bach

Da ist er, der letzte Sonnenschein,
Abendliche Stille kehrt endlich ein.
Erste Sternlein funkeln,
im abendlichen dunkel.

Leichte Nebel ziehen auf,
der Abend nimmt nun seinen Lauf.
Der Mond scheint langsam helle,
leise plätschert eine Quelle.

Fledermäuse jagen hin und her,
am Himmel das reinste Lichtermeer.
Grillen zirpen und Frösche quaken,
rundherum fliegen Motten und auch Schnaken.

Auf der Wiese voller Klee,
steht ein Kitz mit Mutter Reh.
Aus der Ferne hört man eine Eule,
und auch Hundegebell wie Wolfsgeheule.

Ganz leise fließt der Bach,
auch Fuchs und Hase sind noch wach.
Links und rechts stehen einige Bäume,
Abendstille schenke mir bitte schöne Träume.

Schaukelstuhl

Wie in einem Schaukelstuhl,
wiegt unser Leben hin und her,
auf und ab und hoch und runter,
manchmal müde und manchmal munter.
Manchmal traurig und manchmal heiter
- das Leben schaukelt uns immer weiter!

Wie in einem Schaukelstuhl,
wiegt unser Leben her und hin,
ab und auf und hoch und nieder,
es schubst uns an immer wieder.

Und wenn uns auch mal die Kraft verlässt,
so halten wir doch am Leben fest,
sind auch nach jedem tief dann wieder heiter
- das Leben schaukelt uns immer weiter!

Wie in einem Schaukelstuhl,
wiegt unser Leben hin und her,
hoch und runter, und auf und ab
es hält uns immer voll auf Trab,
wie die Pferde und deren Reiter
- das Leben schaukelt uns immer weiter!

Wie in einem Schaukelstuhl,
wiegt unser Leben hin und her,
sagen nie: „Ich kann nicht mehr!".
Wenn uns auch mal die Kraft verlässt,
halten wir uns dolle aneinander fest!

Setzen uns gemeinsam hinein,
denn nichts geht über das „zusammen" sein.
Setzen uns auf des anderen Schoß,
geben uns einen kräftigen Stoß,
sind glücklicher, und auch wieder heiter,
und das Leben schaukelt uns „wieder" weiter!

Depressionen

Ich sitz seit vielen Stunden ziemlich stumm,
im Raucherraum ner Psychoklinik rum.

Ich sitze da und rauche Kette,
mit mir selber um die Wette.

Suizid-Gedanken jagen hin und her,
und machen mir mein Leben irre schwer.

Kopfkino, und ohne Ende ritzen,
Katastrophen-Gedanken die durch den Schädel
flitzen.

Meine Seele schreit und mein Herz weint,
im tiefen Schmerz ist alles vereint.

Wenn dann die Tränen tropfen,
und leise an meiner Brille klopfen.

Wer hilft mir bloß in meiner großen Not…
ich fürchte es ist der…

Selbstverletzendes Verhalten - Borderline

Mit dem Kopf, Knie, Fuß oder Hand,
immer wieder gegen die Wand,
bis endlich dann auch gebrochen
der letzte noch so kleine Knochen.

Verbrennen bis die Blasen platzen,
danach ohne Ende kratzen.
Mit Messern und Klingen ritzen,
an Armen oder Beinen schlitzen.

Mit Nadeln stechen oder sich selber beißen,
büschelweise die Haare ausreißen.
Fügen uns zu, so manche Wunden,
unsere Körper häufig selbst geschunden.

Wichtig ist uns der Schmerz,
der geht durch Körper, Seele, Herz!
Wir machen das, weil unsere Seele schreit,
und dieser Schmerz etwas befreit.

Das nimmt uns dann etwas den Druck,
durch die Seele geht dann ein Ruck.
Es ist für Außenstehende nicht viel,
aber für Betroffene oft das wichtigste Ventil!

Engel

Engel gibt's auch auf Erden,
auch Du kannst zu einem Engel werden.
Ein Engel ist, wer hilft in der Not,
wer andere beschützt vor dem Tod,
und sorgt für Dein tägliches Brot.

Ein Engel ist, der Dich schützt und begleitet,
und immer an Deiner Seite schreitet.
Ein Engel wird nicht von Deiner Seite weichen,
wird Dich in Deiner größten Not erreichen.

Ein Engel ist, der Dich stets bewacht,
und auch mal mit Dir ganz laut lacht.
Ein Engel ist voller Güte und voller Licht,
ein Engel vergisst Dich einfach nicht.

Ein Engel ist ein guter Freund an Deiner Seite,
und ist immer in Deiner Hörweite.
Ein Engel schenkt Dir Geborgenheit,
steht Dir bei, bei jedem Leid.

Ein Engel ist, der Deine Welt zum Leuchten bringt,
Dein Herz umschlingt,
und auch das Böse bezwingt.
Ich wünsche Dir einen Engel, der Dich liebt,
und immer alles für Dich gibt

Einen Engel, der sich um Dich sorgt,
Dir auch mal sein Herz und Seele borgt.

Für meine Schwester Ilona Cuijpers
(17.05.1956 – 06.01.2021)

Schwesterherz

Wir haben zusammen gelacht,
wir haben zusammen geweint,
doch es war eine schöne Zeit.
Wir haben gezankt,
uns immer wieder vereint.

Haben gemeinsam Berge erklommen,
Gezeiten durchschwommen,
Jugendzeit ist rasend zerronnen,
das Altern gemeinsam begonnen.

Du wurdest Krank,
hast nie aufgegeben,
wolltest noch so gerne leben,
nie Deinem Schicksal ergeben.

Eine letzte Berührung,
ein letzter Kuss,
bevor Du gehen musst.
Der Tod nahm Dich uns fort,
trug Dich an einen entfernten Ort.

Bist über den Regenbogen gegangen,
viele Tränen rangen.
Geliebtes Glück ist uns genommen,
Erinnerungen sind so verschwommen.

In Trauer verharrt unser Herz,
im Innern unendlicher Schmerz,
nun flieg mit den Engeln
Schwesterherz!

Für meine Schwester Ilona Cuijpers
(17.05.1956 – 06.01.2021)
und meine Schwägerin Christel Sanders
(21.10.1964 – 09.08.2020)

Wenn die Zeit still steht

Nach langer Krankheit kam die Zeit,
und es war so weit,
Du warst für Deine letzte Reise bereit.

Und still stand die Zeit, für eine gefühlte Ewigkeit

Wir standen um Deinem Bett herum,
waren vor lauter Kummer stumm.
Eine Lawine der Stille, kein einziger Ton,
am liebsten wären wir alle geflohen.

Und still stand die Zeit, für eine gefühlte Ewigkeit

Wie hielten abwechselnd Deine Hände,
bis zu Deinem Lebensende.
Riesengroß unser aller Schmerzen,
Dein Platz ist stets in unseren Herzen.

Und still stand die Zeit, für eine gefühlte Ewigkeit

Jetzt wird es einen neuen Stern am Himmel geben,
und Du bleibst immer Teil von unserem Leben.
Wir werden Dir all unsere Liebe schicken,
wenn wir zu den Sternen blicken.

Schmetterlinge

Über eine Wiese tanzen Schmetterlinge in der Luft,
über allem liegt ein herrlicher Blumenduft.
Admirale und Kohlweißlinge fliegen hin und her,
Distelfalter und Schwalbenschwänze
tanzen kreuz und quer.

Viele bunte Falter fliegen über das Grün,
setzen sich auf Blumen nieder, die sanft erblühen.
Mit ihren langen Rüsseln wollen sie den Nektar saugen
bevor sie sich wieder in die Lüfte schrauben.

So fliegen sie dann von Blüte zu Blüte, über die Wiese,
es weht sanft eine ganz leichte Brise.
Ein Zitronenfalter in leuchtendem Gelb,
sich grade aus seinem Kokon ins neue Leben schält.

Langsam streckt er seine gelben Flügel aus,
bevor er verlässt sein altes Haus.
Und bald schon sieht man ihn über die Wiese tanzen,
und er setzt sich auf so manch erblühte Pflanze.

Und so wird das Schmetterlingsballett immer mehr,
sie fliegen weiter hin und her,
und tanzen immer weiter übers bunte Blütenmeer.

Todessehnsucht

Jeden Tag diese Gedanken,
die sich durch meinen Schädel ranken,
sich förmlich durch diesen beißen,
meine Seele fast zerreißen.

Jeden Tag dieser Kampf,
mein Seele wie im Krampf.
Schon lange diesem Schmerz ergeben,
so ist es eben,
schon mein halbes Leben!

Lauter Schrei,
geht's niemals vorbei?
Möchte die Welt anhalten,
nur schöne Erinnerungen behalten!

Holt mich aber immer ein,
will wohl immer bei mir sein.
Erloschenes Licht,
alles ist so extrem trist.

Täglich sehnen nach dem Tod,
irre groß ist meine Not,
und so vergeht die Zeit,
scheinbar in alle Ewigkeit.

Viele Tränen der Wut,
wird es jemals wieder gut?

Was wäre ein Leben ohne

Flüsse die fließen
Gräser die sprießen!
Dem Regen der prasselt,
einen Papagei der quasselt!

Eine Sonne die strahlt,
einen Sonnenuntergang wie gemalt!
Meere die rauschen,
Vögeln denen wir lauschen!

Winde die wehen,
Wälder die noch stehen!
All den schönen Tieren,
die oft so niedlich posieren!

Blätter die fallen,
Echos die erschallen!
Blumen die blühen,
Sternen die glühen!

Einem starken Sturm,
oder dem kleinen Wurm!
Den winterlichen Schnee,
das wunderschöne Reh!

Den fleißigen Bienen,
den leckeren Rosinen!
All den leckeren Früchten,
die wir Menschen sogar züchten!

Das Saubere Wasser und die Luft,
der Blumen köstlichster Duft!

Das alles schenkt uns die Natur,
doch von Verantwortung der Menschen
keine Spur!

Alles wird gnadenlos vernichtet,
den Blick nicht in die Zukunft gerichtet!

Den armen nächsten Generationen,
bleiben wohl nur noch verblasste Visionen!

Danach

Ist danach alles ruhig und still,
bin ich dann da, wohin ich will?
Sehen wir im schwarzen Tunnel ein helles Licht,
kommt danach Gottes letztes Gericht?

Ist danach alles schwarz und Dunkel,
oder gibt es Helligkeit und Sternenfunkeln?
Ist danach alles Öde und Leer,
ist dort alles dunkel wie schwarzer Teer?

Danach werden wir vielleicht im Jenseits sein,
gibt's dort einen Himmel und Sonnenschein?
Oder gibt es danach ein Leben im Garten Eden,
noch schöner als auf Mutter Erden?

Sind gute Lebenstaten dafür die Eintrittszölle,
kommen danach die Sünder in die Hölle?
Gibt es danach ein schöneres Leben nach dem
Leben,
sollten wir sogar nach dem Tode streben?

Alle Religionen glauben an ein Leben danach,
weil etwas Göttliches es Ihnen versprach.
Doch keiner weiß was kommt danach auf uns zu,
schließen wir einst unsere Augen zur ewigen Ruh.

Falsche Freunde

Falsche Freunde sind gefährlich,
leider meistens auch nicht sehr ehrlich.
Behaupten sie können einen gut leiden,
versuchen Kontakte aber eher zu meiden.

Sind häufig oft hinten herum,
halten einen oft auch für sehr dumm.
Spielen oft ein falsches Spiel,
von wahrer Freundschaft halten sie nicht viel.

Vieles läuft einfach verkehrt,
wahre Freundschaft ist Ihnen nicht viel wert.
Häufig wird man von Ihnen belogen,
und manches Mal auch noch betrogen.

Oft wird man nur ausgenutzt,
hinterrücks auch noch beschmutzt.
Glücklich die, die das durchblicken,
und die falschen Freunde weit fortschicken!

Gewidmet Mein-Betreutes-Wohnen Irmgard Mein & Team –
47533 Kleve, Römerstraße 2

Betreutes Wohnen

Für Menschen mit psychischen Problemen, kann
es sich lohnen
ein ambulanter Platz im betreuten Wohnen.
Dort sind liebe Menschen, die Dir sehr viel geben,
helfen Dir weiter in Deinem Leben.

Ein professionelles Team das Dein Leben
begleitet,
Dir wieder Lebensfreude bereitet.
Sie reichen Dir Ihre vielen Hände
helfen Dir wenn nötig auch in Deinen vier
Wänden.

Sie sind immer da, mit Rat und Tat,
sind für Dich da jeden Tag.
Hören sich auch an Deine Sorgen,
können auch mal Einkäufe besorgen.

Sie sind immer für Gespräche mit Dir bereit,
holen Dich raus aus Deiner Einsamkeit.
Haben für Probleme immer ein offenes Ohr,
bringen ins Leben wieder Humor.

Du wirst begleitet und umsorgt,
sie gehen auch gerne mal mit Dir fort.
Ob Kaffee trinken, Kutschfahrten oder Spazieren,
oder lass Dich doch mal zu was Neuem animieren.

Dort kannst Du kreativ sein und sogar reiten,
oder gemeinsam Mahlzeiten zubereiten.
BeWo-Cafe, Disco und Grillen
gehören zum Angebot genau wie das Chillen

Sehr vieles ist wieder möglich,
wenn es für Dich ist nötig.
Endlich wirst Du wieder gehört,
von Menschen, die Deine Probleme nicht stört.

Glücklich der, der das erkennt,
und dem betreuten Wohnen,
sein Vertrauen schenkt.

Ewigkeit

Irgendwann kommt für jeden die Zeit,
dann beginnt die Reise in die Ewigkeit.
Gibt es eigentlich die Ewigkeit,
oder ist sie auch in Zeit unterteilt?

Was mag dann kommen, was wird werden,
nach der Zeit auf Mutter Erden?

Kommt dann eine Zeit voller Nichts und Leere,
oder befinden wir uns dann in einer anderen
Himmelssphäre?
Jeder stellt sich wohl diese Fragen,
doch was dann wird, kann keiner sagen.

Was mag dann kommen, was wird werden,
nach der Zeit auf Mutter Erden?

Oder beginnt nach dem Tod für uns ein neues Leben,
in dem wir wieder nach Wohlstand streben?
Geht es zurück auf die uns bekannte Welt,
in ein Leben das uns gefällt?

Was mag dann kommen, was wird werden,
nach der Zeit auf Mutter Erden?

Werden wir dann zur Pflanze oder zum Menschen,
oder werden wir uns als Tier ins neue Leben kämpfen?
Werden wir vielleicht zu einem neuen Stern,
so sehen wir Menschen es ja immer sehr gern.

Was mag dann kommen, was wird werden,
nach der Zeit auf Mutter Erden?

Geht es wirklich in den Garten Eden,
oder werden wir als Engel im Himmel schweben?
Gibt es ein Leben nach dem Tod,
oder hilft uns dieser Wunschgedanke nur in unserer
Not?

Was mag dann kommen, was wird werden,
nach der Zeit auf Mutter Erden?

Eines steht fest mit Sicherheit,
irgendwann kommt für jeden die Zeit,
für die Reise in die Ewigkeit.

Für meine geliebte Ehefrau Andrea Sanders
(16.01.1969-25.07.2022)

<u>Mein Fels in der Brandung</u>

Du bist der Fels in meiner Brandung,
und bist in meinem Leben eine Bilderbuchlandung.
Bleibst immer ruhig und gelassen,
auf Dich kann ich mich immer verlassen.

Riss mich die Strömung des Lebens fort,
hieltst Du mich fest am gleichen Ort.
Du bist der Fels auf den ich mich retten kann,
bist immer da für Deinen Mann.

Rissen mich die Wellen des Lebens auch zu
Boden,
Du hast mich immer wieder aufgehoben.
An Dir brechen sich diese Wellen des Lebens,
Dich umzuwerfen versuchen sie vergebens.

Deine Liebe ist ehrlich und standhaft,
gibst mir immer sehr viel Kraft.
Du bist unbeirrbar und unerschütterlich,
und bist immer auch sehr mütterlich.

Danke, Du Liebe meines Leben,
Du bringst mein Herz immer noch zum Beben.

Angeln

Endlich wieder in freier Natur,
vom Alltagslärm keine Spur.
Ich sitze auf der grünen Wiese,
um die Nase eine frische Brise.

Die Kühe auf der Weide muhen,
und ich lasse meine Seele ruhen.
Schnell die Ruten ausgepackt,
heute werden Fische eingesackt.

Der erste Biss, es ist ein Aal,
es fühlt sich an, als wär`s nen Wal.
Der zweite Biss, es ist ne Brasse,
danach nen Kaffee aus der Tasse.

Und wieder rein mit der Made,
ein Fehlbiss, oje ist das schade.
Dann auf Wurm ein schöner Barsch,
ist der riesig, leck mich am Ar….!

Auf Blinker dann noch ein Gefecht,
mit 'nem schönen großen Hecht.
Auf Gummifisch dann einen Zander,
nun habe ich endlich alle beieinander!

Ich kann die Fische schon förmlich schmecken,
meine Finger danach schon lecken.
Dieses Erlebnis ist so viel wert,
jetzt ab nach Hause und an den Herd!

Das war wieder richtig geil,
ich wünsche allen:
Petri Heil

Für meine Schwester Ilona Cuijpers
(17.05.1956 – 06.01.2021)
und meine Schwägerin Christel Sanders
(21.10.1964 – 09.08.2020)

Abschied

Nun haben wir auch Deine letzte Reise begleitet,
das hat uns viel Kummer und Schmerz bereitet.
Sind hinter Deiner Urne her geschritten,
haben bei jedem Schritt sehr gelitten.

*Wir wissen, für Deine Lieben,
wärst Du gerne noch sehr lange geblieben.*

Jeder Schritt war riesig schwer,
dachten oft es geht nicht mehr.
Endlich am Grabe angekommen,
sahen wir alles nur noch verschwommen.
Denn Tränen in die Augen schossen,
und endlos sind sie dann geflossen.

*Wir wissen, für Deine Lieben,
wärst Du gerne noch sehr lange geblieben.*

Doch das Leben gab Dir keine Wahl,
war am Ende die reinste Qual.
Hast durch die Krankheit so sehr gelitten,
hast dann den letzten Weg beschritten.
Wir durften diesen Weg begleiten,
konnten uns auf Deine letzte Reise vorbereiten

Wir wissen, für Deine Lieben,
wärst Du gerne noch sehr lange geblieben.

Dann gingst Du über den Regenbogen,
bist zu den Sternen hochgeflogen.
Sitzt jetzt bestimmt auf Deinem Stern,
bist uns aber gar nicht fern.
Denn in unseren Herzen bist Du ganz nah,
in unseren Erinnerungen für immer da.

Wir wissen, für Deine Lieben,
wärst Du gerne noch sehr lange geblieben.

Und immer wenn wir nun zu den Sternen blicken,
werden wir Dir all unsere Liebe schicken.

Waldspaziergang im Herbst

Der typische erdige Waldbodenduft,
verbreitet sich angenehm in der Luft.
Man hört schon laut die Grillen zirpen,
der Wald voll mit Fichten, Buchen und auch Birken

Die Blätter der Bäume leuchten in vielen Farben,
in den Ästen sitzen Meisen und einige Raben.
Leise fallen die Blätter zu Boden,
viele Mäuschen durch das Blätterlaub toben.

Und links und rechts vom Waldeswege,
sind schon ganz viele Tiere rege.
Sehen kann man Rehe mit hellem Bauch,
Eichhörnchen und Wildschweine sieht man vielleicht auch.

Grüne Teppiche voller Moos,
manche klein, und manche groß.
Daneben Brennnesseln, Farne und Mispeln,
Brombeersträucher und auch Disteln.

Pilze wachsen an Bäumen und am Boden,
Sonnenstrahlen kommen von oben.
Von den Bäumen mit schönen Wurzeln,
Eicheln und Kastanien purzeln.

Eichhörnchen und Wildschweine freuen sich darauf,
fressen gerne alle Kastanien und Eicheln auf.

Man hört von weitem Hirsche röhren,
kann den Wind in den Bäumen und Blättern hören.
Man sollte im Herbst im Wald spazieren gehen,
die schöne Natur riechen, hören und sehen.

Für meine geliebte Ehefrau Andrea Sanders
(16.01.1969-25.07.2022)

<u>Zu Dir fliegen</u>

Ich wünschte, ich könnte zu Dir in den Himmel
fliegen,
noch einmal in Deinen Armen liegen.
Ich würde Dich mit nach Hause nehmen,
mich für immer feste an Dich lehnen.

Nie wieder würde ich Dich Loslassen,
der Tod bekäme Dich nicht mehr zu fassen.
Denn ich würde Dich einfach verstecken,
dann könnte er Dich nicht mehr entdecken.

Für immer würden wir uns aneinander schmiegen,
einfach unendlich weiter lieben.
Nachts schließe ich gerne meine Lider,
denn in meinen Träumen fliege ich zu Dir immer
wieder.

Für meine geliebte Ehefrau Andrea Sanders
(16.01.1969-25.07.2022)

„LaLeLu" Land

An einem Montagmorgen, war es so weit,
Du warst für Deine letzte Reise bereit.
Du wolltest mich bei Dir haben,
und ich konnte immer wieder sanft zu Dir sagen:

„Mäuschen geh nun über den Regenbogen"
und Du ließt ganz langsam los,
und gingst immer weiter nach oben.
Ich hielt Deine Hand, streichelte Dein Gesicht,
habe Tränen unterdrückt mit Zentnerschweren
Gewicht.

Unser altes Kinderwiegenlied „LaLeLu" hat Dich
begleitet,
zum Mann im Mond hinauf geleitet.
Ich habe es immer wieder erneut gesungen,
sobald die letzte Strophe war verklungen.

Warst immer so stark und zu Dir selber sehr hart,
aber gegangen bist Du ganz zart.
Wie Du zum letzten Mal geatmet hast,
durfte ich spüren und sehen,
durfte Deinen letzten Weg mit Dir zu Ende gehen.

Auch diesen besonderen Moment,
hast Du mit mir geteilt,
Danke für 35 Jahre gemeinsame Zeit.

Ich habe Dir so vieles am Sterbebett geschworen
meine Maus,
und hoffe ich halte „hier unten" noch lange für
Dich aus.

Eines Tages stehst Du vor mir und nimmst meine
Hand,
und wir gehen zusammen ins „LaLeLu" Land.

Vermissen

Ich vermisse Dich so sehr,
ohne Dich ist es so unsagbar schwer.
Mein Herz schreit, die Seele weint,
im unendlichen Schmerz ist alles vereint.

Ich fühle mich ohne Dich so allein,
schlimmer kann es für mich nicht sein.
Ich nenne so oft Deinen Namen,
und würde Dich so gerne noch einmal umarmen.

Dich noch einmal hören oder berühren,
Dich nur noch einmal irgendwie spüren.
Noch mal mit Dir gemeinsam lachen,
oder zusammen verrückte Sachen machen.

Einfach wieder mit Dir reden,
oder Spazieren im leichten Regen.
Ich vermisse Dich so sehr,
ohne Dich ist alles so leer.

Dieser Schmerz wird nie vergehen,
bis wir uns im Himmel wiedersehen.

Sommerwiese am Morgen

Wildblumen schwingen im Wind ganz sanft,
der Morgentau langsam in der Sonne verdampft.
Gänseblümchen, Sonnenblumen und Hahnenfuß,
wiegen sich im Winde wie zum Gruß.

Dort stehen Vergissmeinnicht, Löwenzahn und Kamillen,
man hört laut das zirpen von den Grillen.
Durch das Klee, Gras und Kraut,
hüpfen Grasfrösche mit grüner Haut.

Raupen krabbeln auf den vielen Pflanzen,
bunte Schmetterlinge über der Wiese tanzen.
Hummeln und Bienen fliegen hin und her,
Marienkäfer und Ameisen laufen kreuz und quer.

Auf manchen Pflanzen lauern Spinnen,
und lassen Ihre Beute nicht mehr entrinnen.
Es gibt Disteln, Kornblumen und auch Kresse
im dichten Grün noch eine leichte Nässe.

Feldhasen jagen über die Wiesen,
machen Sprünge wie die Riesen.
Man sieht Klatschmohn, Margeriten und Sonnenhut,
Maulwürfe tun sich an Würmern gut.

Vereinzelt stehen Glockenblumen und Johanniskraut
Erdwespen haben schon ihre Nester gebaut.
Viele Grashüpfer springen über die Wiese,
und sanft weht eine leichte Brise.

Über allem liegt ein herrlicher Duft,
von frischen Gräsern und Blüten in der Luft.

Trennung

Meine Liebe zu Dir, ist mit der Zeit gewachsen,
hätte nie gedacht, dass unsere Träume mal platzen.
Dachte wir werden gemeinsam alt,
geben uns immer ganz festen Halt.

Hatten aber eine lange Zeit,
leider nur noch großen Streit,
und das zerstörte unsere Gemeinsamkeit.

Wollten gemeinsam durch die Zukunft fliegen,
haben uns aber nur noch angeschwiegen,
und von unserer Liebe ist nicht viel geblieben.

Haben uns ewige Liebe versprochen,
und haben doch unseren Schwur gebrochen.
Mein Herz ist auseinander gerissen,
werde Dich immer sehr vermissen!

Es gab auch wirklich schöne Zeiten,
diese werden mich immer begleiten.
Ich werde diese schöne Zeit im Herzen tragen,
und möchte Dir zum Abschied sagen:

Ich wünsche Dir ein schönes Leben,
Liebe, Gesundheit, Glück auf allen Wegen,
und auch Gottes Segen!

Im Herzen getötet

Sehr schnell hat man sich zerstritten,
und vormals enge Beziehungen
sind nicht mehr zu kitten.

Und viele haben ehemals Lieben getötet,
ganz tief in Ihren Herzen,
haben einen Weg beschritten mit vielen
Schmerzen.

Erst Jahre später haben sie dieses dann bereut,
eine Aussprache haben sie oft versäumt.
Wenn man dann aber am Grabe dieser ehemals
Lieben steht,
erst dann erkennen muss,
wie schnell die Zeit vergeht.

Oftmals ist es dann leider zu spät,
denn das Rad der Zeit hat sich zu schnell gedreht.
Streitigkeiten wurden nicht mehr besprochen,
Herzen sind noch immer gebrochen.

Doch auch Versöhnung gehört zum Leben,
danach sollte man noch zu Lebzeiten streben.
Worte der Versöhnung am Grabe sind vergebens,
sie sollten gesprochen werden während des
Lebens.

Der kleine Frosch, im Seerosenteich

Ein kleiner grüner
Frosch im Seerosenteich,
schwimmt freudig
durch sein Wasserreich.

Auf einem Seerosenblatt sitzen Mücken und Fliegen,
der kleine Frosch will welche kriegen.
Vorsichtig legt er sich auf die Lauer,
leise rieselt ein kleiner Regenschauer.
Seine flinke lange Zunge schnellt heraus,
macht einer Mücke den Garaus.

Doch der kleine Frosch hat nicht gecheckt,
dass ein Storch ihn hat entdeckt.
Der Storch schnell nach ihm pickt,
der kleine Frosch sich fürchterlich erschrickt.

Und mit einem großen weitem Sprung,
springt der Frosch um des Storches Schnabel herum.
Für den kleinen Frosch ist es noch mal gut gegangen,
der Storch hat ihn nicht gefangen.

Der kleine Frosch sich unter
einem Seerosenblatt versteckt,
damit der Storch ihn
nicht mehr entdeckt.
Der kleine Frosch nun gut gelaunt,
weiter sein Wasserreich bestaunt.

Freudig hüpft er von Seerosenblatt zu Blatt,
denn er ist noch lange nicht satt.
Eifrig ist er dann am Jagen,
und schlägt sich voll den kleinen Magen.

Das Leben

Mit dem Beginn des Leben,
fängt auch schon an das sterben.
Dazwischen hält das Schicksal bereit,
für den einen mehr,
und den anderen weniger Zeit.

Es entscheidet auch über Familie und Ort,
und wie setzt sich das weitere Leben fort.
Manche das glückliche Schicksalslos bekommen,
und viele von Anfang an jämmerlich umkommen.

Manche nutzen Ihre Lebenszeit,
andere sind zu gar nichts bereit.
Werfen förmlich Ihr Leben weg,
landen oft in Elend und Dreck.

Manche das Glück des Lebens begreifen,
andere einfach Ihr Leben wegwerfen.
Vielen fällt das Glück in den Schoß,
anderen bleibt doch nur ein Jammerlos.

Vielen will einfach nichts gelingen,
können das Schicksal nicht bezwingen.
Andere Ihr Leben sinnvoll gestalten,
manche wollen sich nicht entfalten,
und ihr Leben nur verwalten.

Das Leben hält ganz viele Wege bereit,
darum nimm Dir für die richtige Auswahl die Zeit!
Und schneller wie man sich versieht,
das Leben an einem vorüberzieht.

Und glücklich ist am Ende dann,
der zufrieden auf sein Leben zurückblicken kann!

Die kleine Hummel

Eine kleine Hummel,
wollte über die Wiese bummeln.
Also flog sie summ, summ, summ,
und schaute sich auf der Wiese um.

Als erstes trifft sie eine kleine Ziege,
auf der sitzt eine große Fliege.
Vorbei fliegt ein bunter Schmetterling,
das ist ein ganz hübsches Ding.

Als nächstes trifft sie einen Frosch,
der durch die grüne Wiese kroch.
Auf dem Boden kriecht eine Made,
daneben eine große Schabe.

Aus dem Boden schaut ein Wurm,
aus seinen kleinen Erdbodenturm.
Und die Familie Mäuschen,
schaut aus Ihrem kleinen Häuschen.

Auf einem Blatt sitzt eine Grille,
mit einem Hut und einer Brille.
Eine Raupe frisst an einem Blatt,
sich richtig kuglig und völlig satt.

Eine Wespe fliegt vorbei,
im Schlepptau Bienen sogar zwei.
Raupen krabbeln auf den vielen Pflanzen,
Mücken über der Wiese tanzen.

Ein Maulwurf schaut nach einem Wurm,
und der kriecht in seinen Erdbodenturm.
Dort kann der Wurm sich dann verstecken,
und der Maulwurf kann Ihn nicht entdecken.

Am Ende Ihrer Wiesenreise,
trifft die Hummel noch eine kleine Meise.

Einsam

Ich fühle mich oft einsam und allein,
würde gern öfter unter Menschen sein.
Es gibt zwar ein paar Menschen um mich herum,
doch bleibe gegenüber anderen meistens stumm.

Meine Seele schreit, mein Herz weint,
beides im tiefen Schmerz vereint!

Es ist, als ob uns Welten trennen,
wir auf verschiedenen Wegen rennen.
Sehne mich nach Begegnungen und Gesprächen,
die meine Einsamkeit durchbrächen.

Meine Seele schreit, mein Herz weint,
beides im tiefen Schmerz vereint!

Etwas menschliche Nähe, ein liebes Wort,
ganz egal an welchem Ort
Wie schön wären Berührungen und Zärtlichkeit,
etwas Liebe und auch Geborgenheit.

Meine Seele schreit, mein Herz weint,
beides im tiefen Schmerz vereint!

Jeden Tag allein im dunklen Zimmer,
die Einsamkeit wird immer schlimmer.
So geht es Tag ein, Tag aus,
komme kaum noch aus dem Haus.

Meine Seele schreit, mein Herz weint,
beides im tiefen Schmerz vereint!

Hört denn keiner meine Seele schreien,
kann mich bitte jemand aus der Einsamkeit befreien!
Denn riesig groß ist meine Not,
sonst wird die Einsamkeit noch mein Tod!

Unwetter

Feuchtwarme Luft steigt nach oben,
bald schon geht es los das Wettertoben.
Schwüle Wärme liegt über dem Land,
Wolken türmen sich auf, zu einer dunklen Wand.

In Zick-Zack-Form kommen die ersten Blitze,
energiegeladen voller gewaltiger Hitze.
Es folgt das Donnern, grollen und Brausen,
Regen und Hagel zu Boden sausen.

Immer mehr Blitze durch den Himmel flitzen,
und Wassermassen zu Boden prasseln.
Bäume und Sträucher sich im starkem Winde biegen,
Äste und Blätter durch die Lüfte fliegen.

Bäume werden durch Sturmböen gefällt,
Gegenstände durch die Lüfte geschnellt.
Aufgewirbelt wird Staub und Laub,
weiterhin donnert es ganz laut.

Aus kleinen Bächen werden reißende Flüsse,
durch die sehr starken Regengüsse.
Die Wassermassen reißen jeden mit,
der sich nicht rechtzeitig in Sicherheit begibt.

Menschen und Tiere geraten in Not,
wenn ein Unwetter so heftig tobt.
Diese Naturgewalt voller Wucht,
zwingt Mensch und Tier zur schnellen Flucht.

Manch Lebewesen wird vom Unwetter so überrascht,
und hat es dann leider nicht mehr geschafft.

Geliehene Lebenszeit

Immer wenn Menschen,
die einen durchs Leben begleiten,
den Weg über den Regenbogen beschreiten.
Dann wird einem aufs Neue klar,
das unser Leben nur geliehen war.

Sie sind für immer von uns gegangen,
ein tiefer Schmerz hält uns gefangen.
Es ist schwer diesen Schmerz zu spüren,
sich niemals wieder zu berühren.

Dann heißt es für immer Abschied nehmen,
werden uns immer nach dem Vergangenen sehnen.
Sie gehen auf eine Reise ohne Wiederkehr,
und wir vermissen sie unendlich sehr.

Tränen fließen, Herzen brechen,
in unserer Seele tausend Nadeln stechen.
Erinnerungen werden nicht vergessen,
besonders was man einander hat besessen.

Doch eines Tages ist es auch bei uns so weit,
zu Ende unsere geliehene Erdenzeit,
und wir sind endlich bereit,
für eine wunderschöne Wiedersehenszeit.

Mutterherz

Unendlich groß ist mein Schmerz,
nun steht es still Dein Mutterherz.
Hast immer alles für uns gegeben,
hinten an stand stets Dein Leben.

Man muss es so sagen:

Du hast uns durchs Leben,
und auf Händen getragen!
Hast uns umhegt,
und bei Krankheiten gepflegt!

Hast Sorgen und Lasten getragen,
ohne dich jemals zu beklagen!
Du hast uns getröstet bei Tag oder Nacht,
bis wir wieder haben gelacht!

Mit schier übernatürlicher Kraft,
hast Du das immer wieder auf`s neue geschafft!

Dein Mutterherz so riesig groß und reich,
voller Liebe und immer weich.
Nun liebes Mutterherz ruhe sanft im Garten Eden,
wir denken in Liebe an Dich auf Erden.

Wir werden Dich so lange beweinen,
bis wir uns im „Himmelreich" wieder vereinen.

Abschied & Wiedersehen

Abschied gehört zu unserem Leben,
so ist es eben.
Ein Moment bei dem Du sehr traurig bist,
und hoffst, dass der Schmerz bald vergangen ist.

Doch diese Traurigkeit ist richtig,
zeigt dieses liebe Wesen war Dir sehr wichtig.
Denke stets mit Freude zurück,
an viele Stunden voller Liebe und Glück.

Ward gemeinsam in einer Welt,
habt euch gemeinsam dem Leben gestellt.
Habt euch geliebt, alles zusammen gemacht,
euer Leben zusammen verbracht.

Niemand kann nehmen Dir diese Zeit,
doch nun mach Dich frei von all dem Leid,
denn eines stimmt mit Sicherheit:
Das Schicksal allein bestimmt Deine Zeit,
dann sei für ein Wiedersehen bereit!

Freunde fürs Leben

Wenn wahre Freunde Dein Leben begleiten,
werden sie Dir viel Freude bereiten.
Täuschen Dir niemals etwas vor,
haben für Deine Sorgen, ein offenes Ohr.

Sie werden Dich niemals belügen,
oder geschweige mal betrügen.
Werden immer an deiner Seite stehen,
und mit Dir durchs Leben gehen.

Und egal zu welcher Zeit,
sie sind immer für Dich bereit.
Würden Dich niemals verraten,
werden Dich in allen Lebenslagen beraten.

Sehr selten sind Freunde fürs Leben,
egal ob Sonne oder Regen,
Du solltest diese Freundschaft auch pflegen.

Und glücklich ist der, der jemanden kennt
den er einen „Freund fürs Leben" nennt!

Mutter Erde

Was wird bloß werden,
aus unserer schönen Mutter Erden?

Tiere werden achtlos weggeschlachtet,
der Wert des Lebens nicht mehr geachtet.
Männliche Küken werden zum
Beispiel geschreddert,
lebend in Maschinen zerfleddert.

Was wird bloß werden,
aus unserer schönen Mutter Erden?

Regenwälder werden maßlos gefällt,
für einige wenige geht's ums große Geld.
Die grünen Lungen der Erde sterben,
was soll bloß aus den Wäldern werden?

Was wird bloß werden,
aus unserer schönen Mutter Erden?

Die Meere werden gnadenlos ausgebeutet,
Fische lebend aufgeschlitzt und gehäutet.
Plastikmüll verschmutzt die Gewässer,
ins Meer läuft Öl aus vielen Fässern.

Was wird bloß werden,
aus unserer schönen Mutter Erden?

Die Luft wird verpestet und verschmutzt,
die Luft zu verschmutzen schamlos ausgenutzt.

Das Ozonloch breitet sich immer weiter aus,
hinzu kommen Atomkraftwerk Gaus.

Was wird bloß werden,
aus unserer schönen Mutter Erden?

Die Umwelt wird sehr stark zerstört,
Umweltkatastrophen herauf beschwört.
Lebensraum der Natur genommen,
ausgebeutet das letzte Ölvorkommen.

Was wird bloß werden,
aus unserer schönen Mutter Erden?

So viele sterbende Arten und Wälder,
häufig geht's doch nur um Gelder.
So vieles wird bebaut und betoniert,
weil der Mensch nach Wohlstand giert.

Was wird bloß werden,
aus unserer schönen Mutter Erden?

Der Mensch wird irgendwann von der Erde gefegt,
weil wir sie haben nicht gepflegt.
Doch für die Erde wird es weiter gehen,
denn sie wird sich immer weiter drehen.

Ich könnte noch so vieles benennen,
doch Das würde das Gedicht hier sprengen!

Katastrophengedanken

Katastrophengedanken sind sehr schwer,
jagen im Schädel immer hin und her.
Machen einen sehr Krank und Müde,
sind eine schwere Last und Bürde.

Angst und Unruhe breiten sich aus,
machen jeden Tag zum Graus.
Die Folge ist eine große Unsicherheit,
und eine falsche Sicht auf die Wirklichkeit.

Die große Angst, die Kontrolle zu verlieren,
lässt das Blut in den Adern gefrieren.
Es kommt zum Zittern oder Beben,
man denkt es geht ums nackte Überleben.

Ein Gefühl in Ohnmacht zu fallen,
Gedanken die sich ins Hirn festkrallen.
Dann die Angst, wahnsinnig zu werden,
man fühlt sich damit so allein auf Erden.

Eine große Furcht zu sterben,
man sieht seine Lieben schon in Särgen.
Katastrophengedanken sind sehr gemein,
bereiten großen Schmerz und Pein.

Man bekommt weiche Knie, fängt an zu schwitzen,
da Katastrophengedanken durch den Schädel flitzen.
Dann noch die Übelkeit und Bauchbeschwerden,
und es bleibt die Hoffnung,
es könnte mal besser werden.

Verfluchter Krebs

Der Krebs hat uns schon viele Liebe Menschen
genommen,
und hat es auch bei vielen versucht,
elendiger Krebs sei für immer verflucht.

Er hat so viel Leid und Schmerzen über so viele
Menschen gebracht,
mit seiner unglaublichen zerstörerischen Kraft.
Krebs frisst sich immer weiter,
wie ein Abszess voll mit Eiter.

Jeder der davon schon mal betroffen,
kennt dieses Bangen und auch Hoffen.
Bestrahlungen und Chemos immer wieder,
ein ängstliches Zittern durch Herz, Seele und alle
Glieder.

Banges Warten auf die nächsten Befunde,
geht der Kampf mit dem Krebs in die nächste Runde?
Therapien um Therapien wurden überstanden,
bei vielen auch noch die letzten Kräfte schwanden.

Eines wird der Krebs niemals erreichen,
dass Menschen Kampflos aus Ihren Leben weichen.
Sehr Glücklich die, die es geschafft,
bei denen reichte die Kampfeskraft.

Allen betroffenen Menschen wünsche ich diese Kraft,
und das man am Ende es einfach schafft!

Lebensreise

Als Babys beginnen wir unsere Lebensreise,
und beenden sie hoffentlich als weise Greise.
Als Kinder werden wir langsam groß,
verlassen als junge Erwachsene Mamas
Herd und Schoß.

Langsam ziehen wir dann unsere Kreise,
auf dieser wunderbaren Lebensreise.
So vieles gibt es dabei zu entdecken,
gehen auf diesen Wegen oft große Strecken.

Mal geht's nach rechts mal nach links,
je nachdem wie ist des Schicksals Wink.
Ist geradeaus vielleicht der bessere Weg,
wo keine Mauer im Wege steht?

Wir werden an so manchen Kreuzungen stehen,
und hoffentlich immer zu allen Seiten sehen.
Es gilt auch viele Berge zu erklimmen,
viele Meere sind zu durchschwimmen,
man lässt die Zeit einfach auch mal verrinnen.

Auf dieser Lebensreise sucht man
das große Glück,
hat man es einmal gefunden, gibt man
es nicht mehr zurück.

Musik

Musik ist einfach richtig toll,
lustig oder traurig, aber immer wundervoll.
Sie löst aus sehr viele Emotionen,
viele Gefühle sind die Reaktionen

Musik verstärkt Sehnsucht oder Trauer,
jagt über den Rücken so manchen Schauer.
Sie kann auch den Blutdruck senken,
und uns wunderschöne Momente schenken.

Musik kann uns beruhigen und entspannen,
kann schlechte Gedanken auch verbannen.
Sie kann sogar körperliche Schmerzen mindern,
Seelenschmerz und Trauer lindern.

Musik bringt uns zum Lachen oder Weinen,
bringt uns auch den Rhythmus in die Beine
Sie ist mal leise oder Laut,
verschafft uns auch mal Gänsehaut.

Musik kann uns Glücklich oder Traurig stimmen,
lässt unseren Körper im Rhythmus schwingen.
Sie lässt uns Summen oder Singen,
zappeln und auch mal springen.

Musik bringt uns auch zum Träumen,
lässt Gefühle auch mal überschäumen.
Wir fangen gerne an zu Tanzen,
bis wir aus allen Poren dampfen.

Musik ist einfach wundervoll,
unersetzbar, einfach toll!

Pubertät

Für die eine sehr früh, und den anderen Spät,
kommt die Zeit der Pubertät.
Wir alle kommen in diese Jahre,
da sprießen die erste Scham-, Bart und auch
Achselhaare.

Ach was wir uns dann doch freuen,
außer über die Pickel die in dieser Zeit auch ganz
gerne streuen.
Bei Mädchen wächst langsam die Brust,
geweckt wird bei beiden Geschlechtern auch die
Lust.

Mit Freunden oder Freundinnen
wird darüber getuschelt,
vielleicht zum ersten Mal fremd
geküsst und auch gekuschelt.

Jungs freuen sich im Gesicht
über den ersten Flaum,
verlangen stolz nach Rasierer
und passendem Schaum,
einen Bartwuchs zu bekommen
ist der größte Traum.

Mädchen bekommen zum ersten Mal Ihre Tage,
und schon bald geht's auch schon um die
Verhütungsfrage.

Bei Jungs sich die Stimmen häufig
kratzig brechen,
bevor sie dann anfangen in dunklerer
Stimmlage zu sprechen.

Langsam entwickeln wir uns zu Frau und Mann,
denken zurück mit einem Lächeln so ab und an.
An eine schwere aber auch schöne Zeit,
voller Erfahrungen, Auflehnung und auch
öfter mal Streit.

Für meine geliebte Ehefrau Andrea Sanders
(16.01.1969-25.07.2022)

Traumhafte Nacht

Immer wenn ich die Augen schließe,
in meinen Träumen "uns" genieße
sehe ich dich vor mir - so klar
und schaue in Dein tolles Augenpaar

Dieses Gefühl ist so extrem tief
schön das die Fügung uns zusammen rief.
Ich spüre beim träumen - manch stechenden
Schmerz
ganz tief in meinem - vor Sehnsucht pochenden
Herz

Ich spür Deine Blicke auf mir ruh 'n,
mich ermunternd - noch so vieles mit Dir zu tun
Es ist als schautest du in mich hinein,
ein Gefühl so schön wie der Sonnenschein

Ich fühle förmlich Deinen Hauch,
auf meinem Körper - und meiner Seele auch
Dann halt ich dich fest - mit meinem starken Arm,
am ganzen Körper wird es uns warm,
aus der Wärme wird immer mehr Hitze
es ist so - als wären um uns - viele Blitze.

Ein Gefühl - als wenn wir ineinander ertrinken,
und lassen uns dabei auf den Boden sinken.
Diese traumhaft schöne Phase,
empfinden wir dort in reiner Ekstase.

In einander geklammert und voller begehren
wir wollen uns beide nicht dagegen wehren
Die Leidenschaft hat uns nun restlos gepackt
und es kommt zu einem nie enden wollenden Akt

Diese "meine" traumhafte Nacht
haben wir wieder <u>zusammen</u> verbracht.

Für meinen Sohn René Frank Sanders

<u>Geliebter Sohn</u>

Geliebter Sohn,
das ich Dich Liebe,
weißt Du längst schon!

Wünsche von Herzen ein Leben voll
Sonne und Licht,
und sende Dir Ratschläge in diesem Gedicht.
Möchte Dir noch so vieles sagen,
Weisheiten die durchs Leben Dich tragen.

Fühle immer auch das kleinste Glück,
schau ab und an auch mal zurück.
Lebe immer Deinen Traum,
pflanze einmal im Leben auch einen Baum!

Lache immer ganz viel,
setze niemals leichtfertig Dein Leben aufs Spiel.
Sei bei allem sehr Leidenschaftlich,
und glaube immer ganz feste an Dich!

Sei immer Du selbst,
achte darauf, dass Du Dich nicht verstellst!
Geh auf Reisen und entdecke die Welt,
ganz so wie immer es Dir gefällt.

Geh Deinen Weg durch gute und schlechte Zeiten,
geliebte Menschen werden Dich immer begleiten.

Sei immer Dankbar und liebe das Leben,
versuche immer nach dem Guten zu streben.

Alles Liebe auf all Deinen Wegen,
dafür wünsche ich Dir Gottes Segen
Mein Lieber Sohn werde Alt und Weise,
ich wünsch Dir eine schöne Lebensreise.

Eines möchte ich noch sagen,
kann Dich nicht mehr auf den Armen,
werde Dich aber immer im Herzen tragen.

Papa

Für meine Geschwister
Jürgen, Ilona, Ralf & Ulrike

Geschwisterliebe

Sie gehen für immer Seite an Seite,
werden sich nie für länger zerstreiten
Sind immer für einander da,
egal was auch immer geschah.

Sie verstehen einander ohne Worte,
sind Freunde von der besonderen Sorte.
Lieben einander von ganzen Herzen,
gab`s in der Beziehung auch mal Schmerzen.

Auch wenn mal die Fetzen fliegen,
wenn`s drauf ankommt werden sie sich in den
Armen liegen.
Geschwister sind niemals alleine,
helfen sich gegenseitig wieder auf die Beine.

Sind immer miteinander verbunden,
in guten wie in schlechten Stunden.
Auch wenn sie Dich mal nerven,
sie werden Ihre Liebe niemals verwerfen.

Diese Liebe ist klar, Ehrlich und Wahr
Mit einem Wort:
Wunderbar

Sehnsucht nach Liebe

Schon als Baby in der Wiege,
sehnen wir Menschen uns nach Liebe.
Und egal welches Alter wir auch erreichen,
diese Sehnsucht wird nie von unserer Seite
weichen.

Liebe spüren wir ganz tief in der Seele und im
Herzen,
ohne Liebe zu sein, bereitet uns Schmerzen.
Ob ganz arm oder gut betucht,
jeder sich nach Liebe sehnt und sucht.

Auf all unseren vielen Lebenswegen,
werden wir immer nach Liebe streben.
Glücklich die, die Liebe finden,
und für immer können an sich binden.

Liebe ist unser allergrößtes Glück,
schauen auch auf vergangene Lieben oft zurück.
Ein Leben ohne Liebe macht einsam und allein,
darum Lasst uns ganz viel Liebe teilen.

Himmelsleiter

Ich spürte Deine großen Schmerzen,
ganz tief in meinem weinenden Herzen.
Du hattest einen schweren Weg beschritten,
hast unter der Krankheit sehr gelitten,
dann kam der Tod mit großen Schritten.

„Mein Schatz, geh immer weiter, hinauf die Himmelsleiter"

Ich fragte Gott immer wieder „Warum"
doch leider blieb er einfach stumm.
Er hat Dich mir einfach fortgenommen,
Erinnerungen sind jetzt so verschwommen.

„Mein Schatz, geh immer weiter, hinauf die Himmelsleiter"

Du bist nun so weit weg von mir,
und ich sehne mich so sehr nach Dir,
nun bist Du an einem besseren Ort,
ich wäre so gerne mit Dir dort.

„Mein Schatz, geh immer weiter, hinauf die Himmelsleiter"

So viele Wege sind für mich noch zu gehen,
auf einem werden wir uns wiedersehen,
und irgendwann ist dann die Zeit,
auch für unser Wiedersehen bereit.

*„Mein Schatz, dann gehe ich heiter,
zu Dir hinauf über die Himmelsleiter!"*

Die letzte Reise

„Nun möchte ich in den Himmel" sagte sie leise
„Denn ich bin sehr krank und schon Greise"
Der liebe Gott antwortete weise:
„Ich begleite Deine letzte Reise"

Der Herrgott sah ihr tiefes Leid,
und sie machten sich für die letzte Reise bereit.
Er trug sie auf Händen in den Garten Eden,
endlich erlöst vom Leid der Krankheit auf Erden.

Lieber Gott, habe vielen Dank für Deine Zeit,
ich bin schon lange für die letzte Reise bereit.
Jetzt fühle ich mich wieder geborgen,
ohne all den Schmerzen und Sorgen.

Gerne schaue ich nun zurück,
auf ein Leben voller Liebe und Glück.

Die letzte Reise

„Lieber Herrgott, ich bin sehr krank und habe starke Schmerzen"
„Nicht nur im Körper sondern auch im Herzen"
Der Liebe Gott sah und hörte Ihr Leid,
und sagt, Ja nun ist es so weit,
und machte sich alsdann bereit.

Nun hole ich Dich zu mir in den Himmel, sagte er leise,
und ich begleite auch Deine allerletzte Reise.
Er trug sie auf Händen in den Garten Eden,
endlich erlöst vom Schmerz und Krankheit auf Erden.

Nun schaue auf Dein Leben zurück,
auf Liebe, Höhen, Tiefen und auch Glück.
Ich habe Dich schon immer begleitet,
Dir manchmal auch Kummer bereitet.

Aber ich habe Dich niemals verlassen,
Deine Hände niemals losgelassen.
Und dann sagt er ganz weich,
nun sei Willkommen im Himmelreich

Armes Schwein

Der Name Schwein klingt sehr schmutzig
und auch gemein,
doch ein Schwein ist sehr sauber und rein.

Es suhlt sich zwar gerne im Dreck,
doch das hat auch seinen Zweck.
Es reinigt und schützt damit seine Haut,
und quiekt dabei freudig laut.

Die Namen rund ums Schwein werden oft gekannt,
da sie auch als Schimpfworte werden genannt.
Pottsau, Du Ferkelchen, oder dummes Schwein,
hört man öfters so manchen Menschen schreien.

Doch auch in Punkto Glück, eins...zwei...drei,
wünscht sich manch einer das
Glücksschweinchen herbei.
Ob als Spardose, Teddy oder im Film,
oder als Steak beim häufigen grillen.

Überall begegnet uns das Schwein,
das Ferkel, die Sau
und diese Tiere sind wie Affen,
wirklich sehr schlau.

Schweine werden leider häufig verkannt,
sind meistens nur noch Fleisch und Wurst
Lieferant.

Sie werden all zu oft unwürdig gehalten,
können gar nicht mehr ihr Leben entfalten.
Lassen sich zu Tode füttern,
das sollte uns doch alle sehr erschüttern.

Das alles nur zu einem Zweck,
das möglichst viel und groß der Speck.
Natürlich soll und muss es auch billig sein,
so ein armes Borstenschwein.

An den billigen Geschmack
haben wir uns gewöhnt,
über teureres Bio-Fleisch wird lieber gestöhnt.

Und so wird es wohl auch weiterhin sein,
ich sage nur: **Du armes Schwein!**

Hunde, des Menschen bester Freund

Es gibt viele Arten von Hunde,
kleine, große, dünne und auch Runde.
Es gibt sie in klein und auch Groß,
viele sitzen auch gerne in Frauchens Schoß.

Es gibt sie in bunt, schwarz, weiß, und auch braun,
bekanntlich pinkeln sie gerne an einem Baum.
Menschen und Hunde leben zusammen
seit vielen tausend Jahren,
Hunde schützen zum Beispiel
auch vor vielen Gefahren.

Es gibt Schutzhunde die bewachen
Grundstück und Haus,
beschützen alle bis zur kleinsten Maus.
Blindenhunde führen Ihre Besitzer
sicher durch die Umgebungen,
warnen zum Beispiel vor
Gefahren und Erhebungen.

Drogenspürhunde suchen Rauschmittel und
illegale Substanzen,
es gibt auch Hunde die im Zirkus tanzen.
Suchhunde finden Menschen
die sind verschwunden,
es gibt auch viele Kuschelhunde.

Warnhunde können bei Krankheiten
warnen und sie erkennen,
es gibt Windhunde beim Hunderennen.
Jeder kennt Lassie vom Film,
Hunde haben oft ihren eigenen Willen.

Hunde sind ganz treue Wesen,
Therapiehunde bringen Menschen
wieder zum genesen.
Sie spenden Menschen Liebe und Kraft,
ziehen als Schlittenhunde zentnerschwere Last.

Sie finden Menschen die unter Trümmern
sind begraben,
oder unterstützen den Menschen oft beim Jagen.
Hunde gibt es in vielen Bereichen,
Hundeblicke können auch Herzen erweichen

Ein Hund ist des Menschen bester Freund,
wer noch keinen zum Freund hatte,
hat etwas versäumt!

Unser Hund - Dusty

Treue und Liebe hast Du uns gegeben,
und warst so lange Teil von unserem Leben.
Hast uns beschützt zu allen Zeiten,
wolltest uns immer Freude bereiten.

Dein intelligentes tapsiges freundliches Wesen,
ist einfach einzigartig gewesen,
dachten irgendwann fängt er noch an zu lesen.

Warst oft ängstlich wie eine kleine Maus,
aber in einem 40 Kilo Körper zu Haus.
Wenn Du dann mit Deinem Teddy gekuschelt,
hast Du dabei gebrummt und genuschelt.

Wir haben oft darüber gelacht,
so viel Freude und Spaß hat es gemacht.
Hast oft unsere Herzen berührt,
uns manchmal sogar zu Tränen gerührt.

Hab vielen Dank für Deine Liebe und Zeit,
und auch für Deine Ehrlichkeit.
Ich habe auch schon davon geträumt,
eines Tages sehen wir uns wieder
„Freund"

<u>Kranke Seele</u>

Kranke Seele, zerstörtes Herz,
voller Dunkelheit und voller Schmerz.
Sonne und Licht sind erloschen,
die Seele in tausend Teile gebrochen.

Vor lauter Schmerz die Seele schreit,
nur Dunkelheit weit und breit,
die kranke Seele schluchzt und weint.

Sie schreit ganz laut nach dem Licht,
doch so einfach ist es nicht.
Doch die tiefe Dunkelheit muss nicht alle Zeiten,
die arme kranke Seele begleiten.

Liebe kranke Seele macht Dir klar,
die Hilfe ist wirklich schon sehr nah.
Gehe nun den nächsten Schritt, ganz schnell
und die Sonne scheint bald wieder hell

Liebe Menschen reichen Dir helfende Hände,
und schon bald, haben die Dunkelheit und der
Schmerz ein Ende.
Du musst nur eins begreifen,
hab den Mut diese Hände zu ergreifen!

Erfroren

Das Herz durch jahrelanges Leid erfroren,
Nadelstiche im ganzen Körper bohren.
Das Lächeln erfriert auf dem Gesicht
auf der Seele zentnerschweres Gewicht.

Mit erfrorenem Blick starrt man ins Leere,
fühlt im Körper die eiskalte Schwere.
Ist vor Kälte wie erstarrt,
das Herz vom innerlichen Frost ganz hart.

Kältewellen jagen durch Körper und Geist,
Herz und Seele sind schon völlig vereist.
Alles ist wie tiefgefroren,
ist im inneren Eissturm völlig verloren.

Immer weiter fallen die Temperaturen,
hinterlassen in Herz und Seele Spuren.
Doch der innere Eissturm endet nicht,
bis das Herz in tausend Teile bricht.

Und wenn es vor Kälte dann zerbrochen,
ist auch die Seele schon längst gebrochen.

Kranke Seelen Zeit

Meine Seele ist krank,
finster wie in einem dunklen Schrank.
Zerstört schon in den Kindertagen,
dunkle Erinnerungen an meiner Seele nagen.

Erinnerungen die viel Leiden bringen,
häufig viele Tränen rinnen.
Vieles zum Glück auch tief verborgen,
trotzdem macht es viele Sorgen.

Versteckt in einem schwarzen Loch,
leiden tue ich trotzdem noch.
Wird der Druck dann zu stark,
erschüttert es mich bis tief ins Mark.

Riesig ist oft auch die Not,
sehne mich häufig nach dem Tod,
kann den Druck oft kaum ertragen,
denke ich an diese schlimmen Tage.

Wenn meine Seele dann laut schreit,
nur Selbstverletzung etwas befreit,
immer mit dem Kopf gegen die Wand,
ab Erinnerungen, in den dunklen Schrank!

Und dann bin ich wieder bereit,
für die nächste kranke Seelen Zeit!

Josch der Frosch, im Straßenverkehr

Josch der Frosch wollte über die Straße,
das war gefährlich im hohen Maße.
Er schaute nicht nach beiden Seiten,
und wollte über die Straße schreiten.

Kleiner Frosch mache doch keinen Quatsch,
und plötzlich macht es ganz laut Patsch.
Denn ein Auto mit großer Macht,
ist in den kleinen Frosch gekracht.

Ganz laut hört man den Frosch „Aua" schreien,
denn er brach sich dabei sein linkes Bein.
Im Krankenhaus ganz fix,
bekam der kleine Frosch einen Gips.

Kinder, eines ist wirklich ganz Wichtig,
geht über die Straße, aber richtig!
Schaut erst nach links und rechts, dann wieder Links,
denn nur die Sicherheit die bringt`s,
damit eine Straßenüberquerung sicher gelingt!

Ihr solltet auf jeden Fall die Chance ergreifen,
ist in der Nähe ein Zebrastreifen.
Dafür kann man auch ruhig mal einen Umweg laufen,
denn die Gesundheit kann man sich nicht kaufen.

Aber auch da,
schaut erst nach links und rechts, dann wieder Links,
denn nur die Sicherheit die bringt`s.

Erst wenn alle Autos stehen,
dann darf man auch gehen.

Autos sind sehr schnell,
manchmal ist es Dunkel und nicht hell.
Schnell wird man mal übersehen,
und schon ist ein Unfall geschehen!

Also Kinder, ich hoffe Ihr habt schön aufgepasst,
gebt im Straßenverkehr immer gut auf euch Acht!

<u>Sternenkinder</u>

Jede Frau die ein Kind still geboren,
bei oder nach der Geburt hat verloren,
verspürt diese riesigen Schmerzen,
tief in der Seele und im Herzen.

Sternenkinder werden sie liebevoll genannt,
Schmetterlingskinder die das Leben leider nie
gekannt.
Wie die Engel reisen sie zu den Sternen,
schauen auf die Eltern aus weiter Ferne.

Abschied nehmen ist nicht nur richtig,
sondern für die Eltern wirklich wichtig.
In ihren Herzen leben sie für alle Zeiten,
werden immer Ihre Leben begleiten.

Engelskinder sind für immer da,
allgegenwärtig, und sind immer nah.

Vaterliebe

Mein Vater sagte ich bin nicht sein Sohn,
seine Worte voller Hohn.
Trafen mich mitten ins Herz,
waren Worte voller Schmerz.

Nach Vaterliebe sehne ich mich sehr,
lernte sie nie kennen,
werde ich wie er?

Jeden Tag zwischen den Eltern Streit,
als Kind ist man für sowas einfach nicht bereit.
Immer die Angst, dass etwas passiert,
ein Streit wieder fürchterlich eskaliert.

Er hat wieder gesoffen, die Mutter geschlagen,
Ängste durch den kleinen Körper jagen!
Müssen wir wieder einmal fliehen,
erst mal zu Verwandten ziehen?

Gehen wieder zurück zum Vater,
beginnt von vorne das gleiche Theater!
So war es schon immer,
und wurde jedes Mal nur noch schlimmer.

Schnell ist es auch schon so weit,
es war doch nur eine Frage der Zeit.
Versprechen sind schon bald erloschen,
und Mutters Kiefer ist gebrochen,
denn sie wurde wieder mal verdroschen.

Ich bin am Schreien und laut am Weinen,
mir wird plötzlich nass zwischen den Beinen.
Kann Mutter nicht helfen, bin einfach zu klein,
warum kann ich nicht 20 Jahre älter sein?

In vielen kalten Familien Tagen
wurden einfach zu tiefe Wunden geschlagen.
Dann, die endgültige Trennung, es wurde auch Zeit,
da meine Seele ohne Ende schreit und weint.

Hart wurde dann um Besuchszeiten gerungen,
wurde sogar gerichtlich dazu gezwungen.
Dann sieht er es endlich ein,
kann sein Sohn nicht mehr sein.

Dann eines fernen Tages ist es so weit,
ein letztes Treffen, ich bin bereit.
Nun ist er da, sein Tod auf Erden,
dieser Tag wird ein Alptraum werden.
Vor seinem Sarg steh ich still,
Ihm jetzt doch noch vieles sagen will.

Ich flüstere zu Ihm leiser
Vater nun bin ich Älter und auch Reifer.
Viele Wunden sind wieder aufgebrochen.
vieles ist nun leider nicht mehr besprochen.

Eines Tages, das ist mein Traum,
Treffen wir uns im Jenseits unter einen Baum.
Dann sprechen wir uns aus,
und unser bcider Lohn,
ein Gefühl endlich,
wie Vater und Sohn!

Wie im Nebel

Immer wieder diese Tage,
wo mich traurige Erinnerungen plagen.
Diese Erinnerungen sind ganz vernebelt,
halten mich gefangen und geknebelt.

Der Kopf wie im Nebel oder Dunst,
in der Seele ein brennen wie eine Feuersbrunst.
Der ganze Körper wie im Krampf,
das Herz im Überlebenskampf.

Durch die Adern rast das Blut,
die Seele voller rasender Wut.
Der Nebel dicht wie eine Aschewolke,
im Kopf ein summen wie von einem Bienenvolke.

Werde ich diesen Nebel jemals durchbrechen,
kann ich irgendwann wieder lächeln?

Sterne

In sehr weiter Ferne,
leuchten viele Millionen Sterne.
Im nächtlichen dunkel,
sie auf uns nieder funkeln.
Wissen wir mal nicht wohin es geht,
weisen Sterne uns auch den Weg.

Die Seelen unserer verstorbenen Lieben,
zu den Sternen fliegen.
Und immer wenn wir zu den Sternen blicken,
wir Ihnen all unsere Liebe schicken.

Es sind die Sterne zu denen wir gerne sehen,
die immer fest am Himmelszelt stehen.
Sterne malen Sternzeichen in die Nacht,
und jeder hat sicher schon mal folgendes gemacht:
bei einer Sternschnuppe an einen Wunsch gedacht.

Über Sterne gibt es Lieder und auch Gedichte
und natürlich auch wundervolle Geschichten.
Sterne begleiten unser aller Leben,
man kann Sternen sogar Namen geben.

So kann man Sterne auf einen Namen taufen,
natürlich muss man das dann kaufen.
Doch keiner kann einen Stern besitzen,
darum Lasst solche Anbieter lieber abblitzen.

Eines Tages wird auch unsere Seele zu den Sternen fliegen,
und wir werden uns dort in den Armen liegen.
Wir werden hinunterblicken,
und all unsere Liebe hinunter schicken.

Erinnerungsgewitter

Ich fühle mich oft so schläfrig,
mein Innerstes wie im Käfig.
Meine Gehirn mal Chaotisch mal leer,
das Denken fällt mir immer öfter schwer.

Kann die Erinnerungen nicht richtig fassen,
fange an, dieses Gefühl zu hassen.
Erinnerungsgewitter die immer wieder aufblitzen
und meine Seele erhitzen.

Diese Erinnerungsgewitter sind sehr traurig,
oder aber auch mal schaurig.
Täglich diese Gehirn-Gewitter,
tausend dunkle Erinnerungssplitter.

Ich will sie einfangen und bewahren,
möchte, dass sie sich mir offenbaren.
Sie bringen meine Seele zum Kochen,
und mein Herz ganz laut zum pochen

Was wollen sie mir nur sagen,
kann sie aber leider auch nicht fragen!
Vielleicht sind sie bald nur noch ein lauer Wind,
und mir dann viel freundlicher gesinnt.

Kann sie dann endlich fassen,
und diese Erinnerungsgewitter werden verblassen.
Dann beginnt endlich eine bessere Zeit,
ich wäre jeder Zeit dafür bereit.

Schwarzes Loch

Meine schlimmen Kindheitserinnerungen,
sind in einem schwarzen Loch,
an einige wenige erinnere ich mich noch.
Ich wünschte diese wären auch dort begraben,
weil diese oft an meiner Seele nagen.

Erinnerungen voller Schmerzen,
tief in meiner Seele und im Herzen.
Wenn diese Erinnerungen kommen,
fühle ich mich sehr mitgenommen.

Fühle dann wieder das vergangene Leid,
aus schon Längst vergangener Zeit.
Ein Schmerz mal Dumpf, mal stechend,
aber immer Tränen brechend.

Kann diese Erinnerungen nicht vergessen,
bin manchmal von Ihnen wie besessen.
Eins wünsche ich mir jedoch,
diese Erinnerungen ins schwarze Loch.

Und ich wünsche mir noch von Herzen sehr,
es bleibt nicht immer so irre schwer.
Deswegen Ihr Erinnerungen so gemein,
lasst mich doch bitte allein.

Ans Leben festhalten

Wenn Dir im Herzen ist sehr schwer,
und Deine Seele ist ganz leer.
Bist Du auch von dieser Leere umgeben,
halte Dich trotzdem fest an das Leben.

Leise die Tränen an den Wangen rinnen,
traurige Gedanken den Tag bestimmen.
Bist Du auch von Traurigkeit umgeben,
halte Dich trotzdem fest an das Leben.

Schmerzen im Herzen und der Seele nagen,
Dich jeden Tag aufs Neue plagen.
Bist Du auch von diesen Schmerzen umgeben,
halte Dich trotzdem fest an das Leben.

Schlimme Erinnerungen Dich täglich foltern,
quälende Gedanken durch den Schädel stolpern.
Bist Du auch von schlimmen Erinnerungen umgeben,
halte Dich trotzdem fest an das Leben.

Bist ganz alleine und Einsam im Leben,
nur noch nach Begegnungen am Streben.
Bist Du auch von Stille und Einsamkeit umgeben,
halte Dich trotzdem fest an das Leben.

So viel Negatives passiert im Leben,
aber halte Dich immer fest an das Leben.
Denn auch für Dich kommt bestimmt die Zeit,
an dem die Sonne wieder scheint!

Missbrauch

Ich denke oft an diese schlimmen Zeiten,
die mir bis heute viel Leid bereiten.
Ich sehe dann einen dunklen Ort,
dort nahmst Du mir meine Seele fort.

Hast mich immer wieder benutzt,
meinen Körper und Seele völlig beschmutzt!
Du hast tiefe Wunden in mir geschlagen,
versuche alles in meiner Seele zu vergraben.

Hast mich gepeinigt und gequält,
habe jede Sekunde mitgezählt.
Es war immer die reinste Tortur,
von Reue bei Dir niemals eine Spur.

Hast mich misshandelt und missbraucht,
danach noch eine Zigarette geraucht!
Wie kann ein Mensch nur so abartig sein,
so fürchterlich und irre gemein?

Doch eines Tages ist es so weit,
dann ist der Teufel auch für Dich bereit.
Und eines will ich Dir noch sagen,
für mich bist Du längst begraben!

Und eines wünsche ich Dir für alle Zeit:
„Die Hölle bis in alle Ewigkeit"!

Für meine geliebte Ehefrau Andrea Sanders
(16.01.1969-25.07.2022)

<u>Du</u>

Du bist mein Fels in der Brandung
Du bist meine Bilderbuchlandung
Du bist meine liebe Frau
Du bist schön wie der Morgentau
Du bist mein Licht in dunkler Nacht
Du bist die, die über mich wacht
Du bist einfach wunderbar
Du bist immer für mich da
Du bist der Leim der mein Leben zusammen hält
Du bist wertvoller als alles Geld der Welt
Du bist richtig toll
Du bist wirklich wundervoll
Du bist das, was wichtig ist
Du bist da, wenn alles zerbricht
Du bist meine Freudenträne im Auge
Du bist so süß wie eine Traube
Du bist das Salz in der Suppe
Du bist meine Zuckerpuppe
Du bist meine Sonne die strahlt
Du bist noch schöner wie gemalt
Du bist meine Fährte im Schnee
Du bist die Achse, um die ich mich dreh
Du bist meine Rettungsinsel in rauer See
Du bist meine Zauberfee

Du bist einfach Perfekt
Du bist so prickelnd wie süßer Sekt
Du bist einfach Aufregend
Du bist auch mal sehr bewegend
Du bist einfach Zauberhaft
Du bist immer voller Kraft

Die Liebe meines Lebens bist Du,
ich wiederhole es immerzu,
das wichtige Wort, es heißt:
DU

In sich verloren

Fühlt man sich in sich verloren,
meist düstere Gedanken in der Seele bohren.
Weiß nicht was man machen soll,
ein Gefühl ganz grauenvoll

Versuch dieses Gefühl zu entdecken,
und was will dieses damit nur bezwecken.
Denn vielleicht hat man nicht auf sich geachtet,
negative Gefühle nicht rechtzeitig beachtet.

Das bedeutet nicht, das man vom Lebenskurs
abgekommen,
sondern Warnzeichen nicht hat wahrgenommen.
Manchmal muss man sich in sich selbst verlieren,
lässt seine Gedanken einfach spazieren.

Erst dann kann man wieder zu sich finden,
sich aus dem verloren sein wieder winden.

Keiner weiß

Keiner weiß, wie es mir geht,
Keiner weiß, wie genau es um mich steht.
Keiner weiß, warum ich so traurig bin.
Keiner weiß, wo will ich hin.
Keiner weiß, warum ich immer bin so still.
Keiner weiß, was ich will.
Keiner weiß, warum meine Seele weint.
Keiner weiß, warum für mich nicht mehr die
Sonne scheint.
Keiner weiß, wie war mein Leben.
Keiner weiß, wonach ich strebe.
Keiner weiß, von meinen körperlichen Schmerzen
Keiner weiß, von denen tief in meinem Herzen
Keiner weiß, von meinen vielen Tränen
Keiner weiß, wonach ich mich sehne
Keiner weiß, wer genau ich bin, und keiner schaut
genauer hin

Keiner mich wirklich so richtig kennt,
auch wenn er mich zum Freunde nennt.

Sterben

Nun ist es auch für mich so weit,
bin ich zum Sterben schon bereit?
Was muss ich nun noch bedenken,
was noch in grade Bahnen lenken?

Was muss ich noch für Gespräche führen,
wen möchte ich noch einmal berühren?
Wen möchte ich gerne noch mal sehen,
wem lieber aus dem Wege gehen?

Was muss ich noch in die Wege leiten,
wer soll mich nun beim Sterben begleiten?
Habe ich mich mit allen ausgesprochen,
alte Streitigkeiten noch durchbrochen?

Muss ich noch letzte Briefe schreiben,
für die Lieben die am Leben bleiben?
Habe ich wirklich an alles gedacht,
ist mein Testament schon gemacht?

Wie kann ich meine Lieben noch entlasten,
um sie nicht noch mehr zu belasten?
Habe ich nun alles vorbereitet,
bevor ich in das Jenseits schreite?

Kann ich das alles noch schaffen,
bevor mich meine Kräfte verlassen?
Bleibt mir überhaupt noch so viel Zeit,
bevor mich der Tod vom Schmerz befreit?

So wahnsinnig viele Fragen öffnen sich,
denke gar nicht mal nur an mich.
Lieber Gott, schenke mir bitte noch diese Zeit,
dann bin ich zum Sterben auch bereit!

Liebe

Liebe ist einfach toll,
meistens einfach wundervoll.
Ist irre schön und auch zart,
manchmal aber auch ganz hart.

Manchmal schmerzhaft und tut weh,
tief im Herzen bis zum Zeh.
Liebe will sich nicht belügen,
geschweige denn betrügen.

Liebe bringt uns auch zum Lachen,
machen aus Liebe verrückte Sachen.
Wenn sich Liebende trennen,
ihre Herzen förmlich brennen.

Haben Liebende auch viel durchgemacht,
sie geben immer aufeinander Acht.
Können wir Liebe nicht teilen,
bringt uns Liebe auch zum Weinen.

Wahre Liebe, man glaubt es kaum,
bleibt für manche leider nur ein Traum.
Liebe ist manchmal auch perfekt,
glücklich der, der sie entdeckt.

In der Liebe gibt's ein auf und ab,
hält uns immer auch auf Trab.
Liebe will sich allen zeigen,
kann Kummer und auch Sorgen vertreiben.

Und auch wenn mal alles Dunkel erscheint
so ist man doch in Liebe vereint.
Liebe kann Seelen und Herzen heilen,
darum lass uns ganz viel Liebe teilen!

Am Ententeich

An einem schönen Ententeich,
schwimmen Enten durch Ihr schönes Reich.
Kinder schmeißen Brotstückchen hinein,
jede Ente möchte die erste sein.

Laut hört man dabei Ihr schnattern,
denn jede möchte das meiste ergattern.
Karpfen beteiligen sich an dem Schmaus,
suchen sich die besten Leckerbissen aus.

Überall fliegen schimmernde Libellen,
die dicht über das Wasser schnellen.
Über die Seerosen fliegen Mücken,
Wasserschmetterlinge mit Ihren Farben entzücken.

Rund um den Teich sind schöne Gräser und Pflanzen,
über Ihnen viele Insekten tanzen.
Im Teich liegt Gehölz und bietet dunkle Ecken
in denen sich Frösche und Molche gerne verstecken.

Am Teichrand stehen viele verschiedene Farne,
darin sich manche Tiere tarnen.
Wasserläufer über das Wasser stolzieren,
um den Teich gerne Menschen spazieren.

Die Ruhe lädt zum Verweilen ein,
und auch der schöne Sonnenschein.
Fröhlich hört man die Vögel singen,
und sieht ab und zu ein Fischlein springen.

Schneckenreise

Zwei kleine Schnecken,
wollen die große weite Welt entdecken.
Ihr großes Abenteuer starten,
die zwei in ihrem Garten.

Los geht ihr Abenteuertrip,
ihre Häuschen nehmen sie gleich mit.
Sie schalten ihren Turbo ein,
ziehen hinter sich eine Spur mit Schleim.

Sie kriechen durch sehr hohes Gras,
wochenlang dauert Ihr Marsch.
Unterwegs treffen sie viele Tiere,
Käfer und Spinnen mit Zähnen wie Vampire.

Riesengroße Steine türmen sich vor Ihnen auf,
tagelang geht's runter und auch rauf.
Schließlich an einer Mauer angekommen,
haben sie diese mühsam auch erklommen.

Dahinter erblicken sie ein riesiges Blumenfeld,
und glauben sie sind am Ende Ihrer Welt.
Bunte Blumen so groß wie Bäume,
eine Welt schöner wie in all Ihren Träumen.

Jeder, egal ob groß oder ganz klein,
kann ein großer Entdecker sein.
Kann große Abenteuer starten,
auch im heimischen Garten.

Für meine Kinder Christina, Sarah & Renè

<u>Mein Kind</u>

Als Du wurdest geboren,
habe ich Dir viele Sachen geschworen.
Solange es geht werde ich Dein Leben begleiten,
Dich immer durch die Dunkelheit leiten.

Für Dich überwinde ich jede Hürde,
nehme auf mich jede noch so große Bürde.
Über Dein Herz lege ich schützend meine Hände,
für Dich durchbreche ich alle Wände.

Für Dich ersteige ich jede Höhe,
stemme mich gegen jede Böe.
Ich weine mit Dir alle Tränen,
kannst Dich immer an mich lehnen.

Niemals werde ich dich fallen lassen,
Dir immer unter die Arme fassen.
Werde Dir mit Rat und Tat zur Seite stehen,
werde immer an Deiner Seite gehen.

Kann Dich zwar nicht immer auf Händen tragen,
werde Dich aber immer in meinem Herzen haben.

Für meine Schwester Ilona Cuijpers (17.05.1956 – 06.01.2021)

Trauerjahr

Ein Jahr ist nun bereits vergangen,
wir sind in unserer Trauer noch immer gefangen.
365 Tage sind an uns vorbeigezogen,
seit dem Du bist zu den Sternen geflogen.

In diesen vielen langen Wochen,
haben wir sehr oft über Dich gesprochen.
Du bleibst immer ein Teil von unserem Leben,
begleitest uns auf all unseren Wegen.

In diesen oft sehr langen Tagen,
Kummer und Schmerz an unseren Herzen nagen.
Wir alle vermissen Dich unendlich sehr,
viel zu oft bleibt ein Platz leider leer.

In so vielen langen Stunden,
haben wir so viel Trauer und Schmerz empfunden.
Die Tage, Stunden und Minuten weiter verrinnen,
noch oft werden wir uns an alte Zeiten erinnern.

Die Zeit sie wird einfach weiter vergehen,
doch es gibt eine Zeit des Wiedersehens.

Sturm

Wolken sich düster zusammentürmen,
finster fängt es an zu stürmen.
Der Himmel bricht plötzlich auf,
Wassermassen suchen Ihren Lauf.

Starke Winde an Bäumen zerren und ziehen,
Tiere vor Wind und Wasser fliehen.
Am Himmel zucken viele Blitze,
energiegeladen mit enormer Hitze.

In manchen Bäumen schlagen Blitze,
eine Naturgewalt wie eine Haubitze.
Bäume werden ganz leicht entwurzelt,
Äste werden durch die Lüfte gepurzelt.

Wassermassen bahnen sich Ihren Weg,
reißen alles mit was im Wege steht.
Türmen sich oft meterhoch auf,
suchen sich Ihren natürlichen Lauf.

Von Dächern lässt er Ziegel fliegen,
kann selbst stärkste Laternen verbiegen.
Gegenstände fliegen um das Haus,
kein Mensch traut sich mehr raus.

Bis tief in die Nacht hält man dann wacht,
und spürt seine unglaubliche Macht.

Seelen-Mord

Meine Erinnerungen voller Trauer,
dabei ereilen mich so manche Schauer.
In meinen Gedanken ist große Not,
oft bestimmt von Gevatter Tod.

In meinem Gehirn ist der dunkle Ort,
wo täglich geschieht der Seelen-Mord.
Täglich immer wieder aufs Neue,
geschehen dort die furchtbarsten Gräuel

So vieles ist zwar lange Vergangen,
wird in meiner Seele aber täglich aufs Neue
empfangen.
Leider gibt's keinen Ausschaltknopf zum
vergessen,
gerne hätte ich diesen besessen.

Ich würde diesen sofort drücken,
und meine Erinnerungen mit schöneren Momenten
schmücken.

Wälder und Felder

Ich sehe zu den grünen Wäldern,
und den schönen weiten Feldern.
Die Sonne schaut aus den Wolken hervor,
die Wolken öffnen ganz leicht Ihr Tor.

Die Gräser stehen im saftigen grün,
die Blumen langsam sanft erblühen.
Gräser und Blumen sich sanft im Winde biegen,
über die Blüten viele
Bienen und Hummeln fliegen.

Auf dem Felde steht Mutter Reh mit Ihrem Kinde,
Schmetterlinge fliegen durch die Winde.
Ein Mäusebussard zieht seine Kreise,
sucht eine Mahlzeit auf seine Weise.

Am Waldesrand ganz langsam trottet,
eine große Wildschweinrotte.
Überall fliegen Vögel hin und her,
Ihr Gesang gefällt mir sehr.

Hasen springen übers weite Feld,
als gehörte Ihnen die ganze Welt.
Es gibt so viel Schönes zu sehen,
lädt jeden ein zum Spazieren gehen.

<u>Wo bist Du?</u>

Wo bist Du geblieben, ...Liebe?

Keine Umarmungen, Kein Kuss,
wie oft ich daran zurückdenken muss.
Möchte wieder Liebe spüren,
Dich umarmen und berühren.

Wo bist Du geblieben, ...Liebe?

Möchte die alte Liebe neu entfachen,
das vergangene Gefühle wieder erwachen.
Bei jedem Griff nach neuem Glück,
lasse ich Dich weiter zurück.

Wo bist Du geblieben, ...Liebe?

Bei jedem Schritt den ich gehe,
bleibst Du einfach auf der Stelle stehen.
Was ist nur mit uns geschehen,
können nicht mehr Seite an Seite gehen.

Wo bist Du geblieben, ...Liebe?

Sehne mich so sehr nach Dir,
sehne mich nach einem gemeinsamen Wir
Sind zusammen, fühle mich aber alleine,
ein Gefühl wegen dem ich oft weine.

Wo bist Du geblieben, ...Liebe?

Diese Tränen weine ich alleine,
und wünschte es wären auch Deine.

Der Apfelbaum

In unserem Garten steht ein Apfelbaum,
der ist ganz prächtig anzuschauen.
Ganz wuchtig steht er in der Mitte da,
und ist bestimmt schon an die 100 Jahr.

Im Herbst wirft er seine Blätter ab,
das hält uns beim Laubkehren ziemlich auf Trab.
Im Winter ist er nun völlig kahl,
die Jahreszeit lässt Ihm keine andere Wahl.

Leise rieselt der Schnee hernieder,
legt sich über die Äste immer wieder.
Jetzt steht er da, ist bedeckt mit Schnee und Eis,
alle Äste sind ganz weiß.

Und wenn im Frühling die Natur erwacht,
fängt er an zu blühen in voller Pracht.
Langsam sprießen seine vielen Blüten,
Insekten tun sich an Ihnen zur Güte.

Die Sonne sich nun öfters zeigt,
manch Vogel sitzt auf seinem Zweig.
Der Apfelbaum ist wieder richtig schön,
man kann schon bald die ersten Früchte sehn.

Und bald schon füllen wir unsere Taschen,
und können leckere Äpfel naschen.
Die Jahreszeiten werden weiter kommen und gehen,
so manche Winde werden am Apfelbaum zerren und
wehen.
Ich hoffe er wird auch in 100 Jahren noch stehen,
und das Menschen Ihn dort gerne sehen.

Hallo lieber Schmerz

Mit dem Kopf voll gegen die Wand,
mit dem Hammer immer auf die Hand.
Sich mit Nadeln stechen,
die Finger biegen bis sie brechen.

Haare am ganzen Körper ausreißen,
sich selber auch mal blutig beißen.
Mit scharfen Klingen das Fleisch aufschlitzen,
sich am ganzen Körper Muster ritzen.

Sich verbrennen mit Zigaretten die glühen,
oder einfach mal selbst verbrühen.
Wunden immer wieder blutig kratzen,
sollen nicht so schnell zusammen wachsen.

Schmerz, wie oft habe ich Dich begrüßt,
und Du hast mir diesen „Moment" versüßt!
Hast mir dann den größten Druck genommen,
und ich habe mich wieder frei geschwommen.

Ich nehme mich Dir, wenn ich Dich brauche,
wie die täglichen Zigaretten die ich rauche.
Hallo lieber Schmerz,
ich trage Dich tief in meinem Herz.

Jahreszeiten

Durch das Jahr begleiten,
uns bekanntlich vier Jahreszeiten.
Frühling, Sommer, Herbst und Winter
nennen wir diese Zeiten,
durch die wir Jahr für Jahr schreiten.

Im Frühling erwarten wir freudig den ersten Sonnenschein,
lassen mit Freude die Wärme in unsere Herzen hinein.
Hören die Vögel mit Heiterkeit singen,
die Ihre schönsten Melodien lassen erklingen.

Im Sommer lässt die Natur alles erblühen,
voller Energie scheint alles zu glühen.
Der Sonnenschein schenkt uns Wärme und Licht,
leuchtet uns allen ins Angesicht.

Im Herbst werden die Bäume kahl,
starke Winde jagen übers Tal.
Erste Stürme an den Bäumen reißen,
erste Fröste sich in den Boden beißen.
Der Herbst ist eine farbenprächtige Zeit,
und es dauert nicht lange bis es schneit.

Im Winter dann wird's richtig kalt,
richtig frostig wird's schon bald.
Der Frost fliegt klirrend durch die Nacht,
Schneeflocken fallen in heller Pracht.

In Schnee und Eis dann alles erstarrt,
der Schnee unter unseren Füßen knarrt.
So sehr wir auch den Winter genießen,
freuen wir uns auf den Frühling,
wenn wieder die ersten Blümlein sprießen.

Vater

So viele Jahre sind schon vergangen,
als Du bist von uns gegangen,
bin in meinen Erinnerungen an Dich gefangen.

Die Vergangenheit ist immer da,
in meinen Erinnerungen immer nah.
Würde Dich gerne noch so vieles fragen,
kannst mir leider nichts mehr dazu sagen.

So vieles wurde nicht mehr angesprochen,
Herzen sind leider noch gebrochen.
So viele Tränen wurden geweint,
Herzen sind nicht wieder vereint.

Mit dieser Situation muss ich Leben,
und dem großen Erinnerungsbeben.
Es heißt, die Zeit heilt alle Wunden,
ich weiß nicht wer diesen Spruch hat erfunden.

Denn diese tiefen Schmerzen,
bleiben immer in Seele und Herzen.
Versuche mit Dir meinen Erdenfrieden zu schließen,
mein Leben etwas mehr zu genießen.

Im Jenseits kommt für uns vielleicht die Zeit,
und wir sind beide zur Aussprache bereit.
Können dann vergessen und verzeihen,
und unsere Beziehung kann neu gedeihen.

Können uns vielleicht Umarmen, gemeinsam Lachen,
Vater-Sohn Gefühle neu entfachen

Für meine Ehefrau Andrea Sanders
(16.01.1969-25.07.2022),
meine Schwester Ilona Cuijpers
(17.05.1956 – 06.01.2021)
und meine Schwägerin Christel Sanders
(21.10.1964 – 09.08.2020)

Nach Hause tragen

Es gibt einen besonderen Ort,
an dem trug der Tod Deine Seele fort.
Dort bist Du nun in der unendlichen Ferne,
ganz weit bei den funkelnden Sternen.

Im Traum wachsen mir Engelsflügel,
fliege dann über Berge und Hügel.
Steige in die Höhe, vorbei an den Mond,
bis auf den Stern auf den Du jetzt wohnst.

Breite meine Flügel ganz weit aus,
und trage Dich wieder zurück nach Haus.
Mache Dich unsichtbar, lasse Dich verschwinden,
dann kann der Tod Dich nicht mehr finden.

Dann werden wir zusammen Leben in Frieden,
bis wir bereit sind,
gemeinsam zu den Sternen zu fliegen.

An einem kleinem Weiher

An einem kleinem Weiher,
steht ein großer grauer Reiher.
Ganz still steht er am Uferrand,
schaut aufs Wasser ganz gebannt.

Lautlos ist er dort am Jagen,
denn ganz leer ist sein kleiner Magen.
Langsam schreitet er dann voran,
hofft auf einen großen Fang.

Viele Fischlein schwimmen hin und her,
sie interessieren den Reiher wirklich sehr.
Und der Reiher ganz geschickt,
schnell mit seinem Schnabel pickt.

Der Reiher hat richtig zu gelangen,
und viele kleine Fischlein gefangen.
Ein kleiner Molch schwimmt vorbei,
und Frösche sogar zwei.

Der Reiher sofort interessiert,
hinter Ihnen her spaziert.
Und schnell ist es auch gelungen,
und er hat die zwei Frösche verschlungen.

Der kleine Molch konnte entkommen,
denn er ist schnell weggeschwommen.
Die Jagd ist nun beendet,
der Reiher sich vom Wasser abwendet.

Nun fliegt der Reiher fort,
an einen anderen schönen Ort.

Träumer

Ich träume von einem Weg zu Dir zurück,
und von einem gemeinsamen Glück.
Träume davon, wieder bei Dir zu sein,
träume von einem Leben im Sonnenschein.

Ich habe diesen einen schönen Traum,
können wir nicht wieder nach vorne schaun?

Ich träume vom gemeinsamen Leben,
und das wir einander alles geben.
Träume, dass wir verrückten Sachen machen,
und von unserem gemeinsamen Lachen.

Ich habe diesen einen schönen Traum,
möchte mit Dir in die Zukunft schaun!

Ich träume, dass wir die Wege gemeinsam gehen,
und für immer zueinander stehen.
Komm lass uns von der Zukunft träumen,
alle Hürden aus dem Wege räumen.

Dieser Traum ist so wunderschön,
lass Ihn doch bitte einfach geschehen!

Also reich mir bitte Deine Hände,
durchbrechen wir einfach alle Wände.
Und wenn wir uns wieder die Hände reichen,
werden wir niemals voneinander weichen.

Ich habe diesen einen schönen Traum,
an seine Erfüllung glaube ich jetzt noch kaum.

Denn ich schaue in Dein hübsches Gesicht,
das mir leider nichts Gutes verspricht.
Ich träume diesen Traum ganz allein,
so wird es wohl oft bei Träumern sein.

.
.

Wiedersehen

Bin zu Besuch bei Dir am Grab schon wieder,
lege rote Rosen für Dich nieder.
Höre Deine Stimme die die Stille durchbricht,
kann Dich sehen in einem schimmernden Licht.

Ich bin vor Glück völlig erstarrt,
ist es die Sehnsucht die mich grade narrt?
Leise flüstere ich Deinen Namen,
Glücksgefühle schlagen in mir Ihre Bahnen.

Ich kann Dich wirklich hören und sehen,
kann es selber kaum verstehen.
Alles wirkt so echt und real,
ein Moment auch voller Qual.

Dieser Moment ist so vollendet,
und wird leider jäh beendet.
Denn jemand am Nachbargrab spricht,
ich realisiere dann, Du bist es nicht.

Doch dieser Augenblick war wunderschön,
ich freue mich auf unser nächstes Wiedersehen.

Brunftzeit

Zwei kapitale Hirsche stehen auf einer
Lichtung im Wald,
es ist schon warm und gar nicht kalt.
Laut hört man Ihre röhrende Rufe,
aufgeregt scharren sie mit Ihren Hufen.

Die zwei Rivalen aneinander vorbei stolzieren,
dabei Ihre mächtigen Geweihe präsentieren.
Das Kräftemessen wird schon bald beginnen,
denn jeder will die Gunst der Weibchen gewinnen.

Die Hirsche mit den Geweihen aufeinander prallen,
laut hört man das dumpfe knallen.
Die mächtigen Geweihe ineinander verhakt,
wird sich dabei kräftig beharkt.

Immer wieder schieben sie sich voreinander her,
drehen sich dabei kreuz und quer.
Einer von beiden wird der Platzhirsch werden,
und dann das ganze Rudel erben.

Nach langen Minuten hat einer den Kampf gewonnen,
der andere schnell seine Flucht begonnen.
Der Sieger nimmt seinen Platz im Rudel ein,
und wird erst einmal der Platzhirsch sein.

Doch schon morgen könnte es sein,
und ein neuer Rivale stellt sich ein.

Impotenz

Wenn einen verlässt die Manneskraft,
„Mann" eine Erektion nicht mehr schafft.
Einen überkommt die Liebeslust,
am Ende aber bleibt nur der Frust.

Auch Hilfsmittel hat „Mann" schon probiert,
den K(r)ampf um die Erektion trotzdem verliert.
Der Penis bleibt weich und zart,
was „Mann" auch versucht, er wird oder bleibt nicht
hart.

Versagensängste es nur noch verstärken,
was betroffene Männer auch deutlich merken.
Doch Männer sollen halt sein das starke Geschlecht,
immer standfest sein fürs Liebesgefecht.

Doch ist „Mann" einmal davon betroffen,
kann „Mann" meistens auf Verständnis beim Partner
hoffen.
Impotenz kann sehr viele Ursachen haben,
deshalb sollte „Mann" Ärzte oder Psychologen um
Hilfe fragen.

Sehr oft helfen diese einen weiter,
und das Leben wird schnell wieder heiter.
Und „Mann" braucht sich dafür auch nicht zu schämen,
sich selber quälen oder gar zu grämen.

Denn es zählt nicht nur ob „Mann" es noch kann,
Du bleibst trotzdem immer ein ganzer Mann!

Die kleine Raupe

Die kleine Raupe Schwalbenschwänzchen frisst viele
Blätter,
und wird immer größer und auch fetter.
Aber sie wird einfach niemals satt,
und frisst sich durch von Blatt zu Blatt.

Die kleine Raupe Schwalbenschwänzchen,
macht auf den Blättern kleine Tänzchen.
Und bald kommt dann auch für sie die Zeit,
dann ist sie zum verpuppen auch bereit.

Sie spinnt sich einen schützenden Kokon,
und bald schon schlüpft sie, und fliegt als
Schmetterling davon.
Und über den Blumen sieht man einen
Schmetterlingstanz,
von dem Schmetterling Namens Schwalbenschwanz.

Lebenszeit

Irgendwann, sei es drum,
bringt das Leben einen um.
Bei dem einem kürzer,
dem anderen es länger dauern mag,
stehen wir alle ab der Geburt, mit einem Bein im Grab.

Denn es geht schon mit dem sterben los,
verlassen wir unserer Mutters Schoß.
Die Lebenszeituhr dann gnadenlos tickt,
bis der Tod dann auf uns blickt.

Die arme Maus

Es war einmal eine arme Maus,
die zog aus ihrem Hause aus.
Denn sie fand dort nichts mehr zu essen,
hatte schon lange nichts mehr gefressen.

Also wollte sie die Welt erkunden,
war unterwegs sehr viele Stunden.
So zog sie los von Haus zu Haus,
traf dabei so manch andere Maus.

Doch auch den anderen Mäuschen,
in den ach so wunderschönsten Häuschen,
knurrte ganz feste der Magen,
da sie auch am Hungertuch nagen.

Dann kam sie zu einen kleinem alten Haus,
das sah ganz einfach und ärmlich aus.
Sie wollte sich mit dem Haus nicht befassen,
dachte das Häuschen wäre schon längst verlassen

Doch dann schaute sie sich dort in Ruhe um,
und machte dann einen Freudensprung,
denn sie fand dort eine volle Vorratskammer,
und zu Ende war Ihr großes Gejammer.

Sie schlug sich voll den kleinen Bauch,
bis sie irgendwann tat den letzten Hauch.

Kleiner grüner Tannenbaum

Kleiner grüner Tannenbaum,
bist so wunderschön anzuschauen.
Wirst geschmückt mit Lametta und
Lebkuchenherzen,
und vielen schönen leuchtenden Kerzen.

Kleiner grüner Tannenbaum,
bist so wunderschön anzuschauen.
Wirst geschmückt in bunten Farben,
deine Äste nun bunte Kugeln tragen.

Kleiner grüner Tannenbaum,
bist so wunderschön anzuschauen.
Wirst geschmückt mit vielen Sternen,
Kerzen funkeln schon aus der Ferne.

Kleiner grüner Tannenbaum,
bist so wunderschön anzuschauen.
Unter Dir eine Krippe mit dem Jesu-Kind,
Maria und Josef mit Esel und Rind.

Der kleine grüne Tannenbaum,
man glaubt es kaum,
ist nun ein Traum,
von einem schönen Weihnachtsbaum.

Kleiner bunter Weihnachtsbaum,
bist so wunderschön anzuschauen.

Lieber Weihnachtsmann

Jedes Jahr gehst Du auf Weihnachtsreise,
auf Deine ganz besondere Weise.
Mit einem riesigen Berg an Geschenken,
der Rentierschlitten lässt sich kaum lenken.

Überall auf dieser großen Welt,
wird Dir ein Glas Milch und Kekse hingestellt.
Steigst über den Kamin in die Häuser ein,
willst bei all Deinen Kindern sein.

Lässt gerne schöne Geschenke für sie da,
für Klein und Groß, eine Nacht ganz wunderbar.
So setzt Du Deine Weihnachtsreise fort,
saust von einem, zum anderen Ort.

Und ganz spät in der Heiligen Nacht,
hast Du dann Dein Werk vollbracht.
Hast in jedem Haus kurz verweilt,
und alle Geschenke ausgeteilt.

Kinderaugen schauen morgens
strahlend die Geschenke an,
und wissen er war da,
der liebe Weihnachtsmann.